SingLiesel

MIX
Papier aus verantwortungsvollen Quellen
FSC® C014138

Impressum:

Druck: FINIDR, Czech Republic

Satz und Umschlaggestaltung: Röser MEDIA GmbH & Co. KG, Karlsruhe

Bildnachweise: Shutterstock.com

ISBN 978-3-944360-36-2

2. Auflage

www.singliesel.de

Hinweis:

Alle Übungsvorschläge in diesem Buch sind aus der Praxis heraus entstanden und vielfach erprobt. Bitte vergessen Sie aber nicht, dass jeder Mensch, mit dem Sie als Übungsleiter oder Übungsleiterin Gedächtnistraining machen, seine spezielle Tagesform und seine einzigartige Biografie mitbringt, die Sie dabei vielleicht berücksichtigen müssen. Nicht jede Übung passt für jeden. Die Autorin und der Verlag haften nicht für etwaige Personen- oder Sachschäden.

Natali Mallek

Frühling

Gedächtnistraining für jede Jahreszeit

Mit Kopiervorlagen

Inhalt

Einführung

Gedächtnistraining macht Spaß, vertreibt die Zeit und bringt die grauen Zellen in Schwung. Es ist ein schöner Bestandteil der Seniorenarbeit und wird, besonders in Einrichtungen der Altenhilfe, gerne angenommen. In der Praxis fehlt häufig die Zeit, ein Gedächtnistraining vorzubereiten. Deswegen haben wir die Praxishefte entwickelt. Ein besonderes Augenmerk haben wir darauf gelegt, dass kein zusätzliches Material benötigt wird.

Das Einzige, was Sie vor dem Einsatz der Übungsstunden in diesen jahreszeitlichen Heften machen müssen, ist, die Arbeitsblätter und evtl. Liedblätter kopieren: Dann kann es losgehen.

Aufbau der Übungsstunden

Am Anfang und am Ende der Übungsstunden finden Sie jeweils ein Element, das zur Entspannung der Teilnehmenden beitragen soll. Ein zum Thema passendes Lied führt in die Übungsstunde hinein, durch Anstimmen wird eingestimmt. Am Ende jeder Stunde werden die Teilnehmer mit einer kleinen Geschichte in den Alltag entlassen.

Die Schwierigkeit der Übungen variiert. Jede Übung kann zusätzlich an die Leistungsfähigkeit der eigenen Gruppe angepasst werden – geeignete Tipps und Anregungen dazu finden Sie in der jeweiligen Übungsbeschreibung.

Jede der Übungsstunden beinhaltet zwei Arbeitsblätter. Erfahrungsgemäß haben die Teilnehmer an Gedächtnistrainingsrunden für Senioren sehr unterschiedliche Ressourcen und Möglichkeiten. Entscheiden Sie selbst, ob die Arbeitsblätter in Einzelarbeit oder gemeinsam gelöst werden. Stellen Sie dabei sicher, dass die Teilnehmenden nicht überfordert werden, vermeiden Sie aber auch eine Unterforderung, soweit es möglich ist.

Auch Bewegung ist ein wichtiger Bestandteil des Gedächtnistrainings. Eine Übung mit kleineren integrierten Bewegungen ist Bestandteil jeder Übungsstunde.

Die Gruppenzusammensetzung

An dieser Stelle würde ich Ihnen gerne empfehlen, das Gedächtnistraining mit sechs leistungsgleichen Teilnehmern durchzuführen. Ich komme allerdings aus der Praxis und bin mir bewusst, dass diese Zusammensetzung eine Utopie ist. Versuchen Sie also, diesem Ideal so nah wie möglich zu kommen, machen Sie sich aber keine allzu große Sorgen, wenn Sie es nicht schaffen. Sie kennen Ihre Teilnehmer, beobachten Sie sie also bitte genau: Fühlen die Anwesenden sich wohl? Haben die Anwesenden Spaß? Haben die Teilnehmer noch Erfolgserlebnisse bei der Umsetzung der Übungen? Wenn ja, ist es eine gelungene Gruppenzusammensetzung.

Das Übungssetting

Die Senioren sitzen bei dem Gedächtnistraining an Tischen. Ideal ist es, wenn die Teilnehmer einander ansehen können: Das fördert die Kommunikation bei und zwischen den Übungen. Denken Sie daran, dass die Schulzeit lange vorbei ist. Abschreiben, schummeln und tuscheln ist erlaubt und trainiert soziale Kompetenzen – das können Sie auch gerne immer wieder betonen!

Sorgen Sie, soweit wie möglich, dafür, dass die Runde nicht von Außenstehenden unterbrochen wird. Eine ruhige Umgebung ohne Störfaktoren unterstützt die Konzentrationsfähigkeit. Achten Sie darauf, dass die Teilnehmer, die eine Brille oder ein Hörgerät brauchen, diese auch dabei haben.

Durchführung der Übungsstunden

Die Übungen sind so ausgewählt, dass die Übungsstunden in ungefähr 45 Minuten durchgeführt werden können. Falls Sie nicht alle Übungen in der veranschlagten Zeit schaffen, lassen Sie einfach einen Teil weg. Eine angenehme Atmosphäre ist das Einzige was „geschafft" werden muss, ob eine Übung mehr oder weniger „geschafft" wird, ist hingegen belanglos. Zeitdruck und Leistungsgedanken sind hinderlich, nur in einer lockeren Stimmung kann das Gehirn seine Fähigkeiten optimal entfalten. Eine wunderbare Möglichkeit, die Atmosphäre angenehm zu gestalten, ist die Integration biografischer Gespräche in die Übungsstunden. Passende Voraussetzungen dafür haben wir geschaffen: Die Übungsstunden orientieren sich an den biografischen Erfahrungen von

Senioren. Zu jedem der Themen kann man zwischen den Übungen ein paar biografische Fragen stellen. Hier ein paar Beispiele:

- Haben Sie auch einmal etwas Ähnliches erlebt?
- Kennen Sie diese Dinge von früher?
- Wie sind Sie mit solchen Situationen umgegangen?
- Können Sie beschreiben, wie sich das für Sie angefühlt hat?
- Fällt Ihnen noch etwas anderes zu dem Thema ein?

Ergänzende Hinweise für die Arbeit mit Menschen mit Demenz

Wir haben die Übungen so gestaltet, dass auch viele Menschen mit beginnender Demenz noch davon profitieren können. Die Übungen sind themenorientiert. Dies fördert die Konzentration und das Interesse der Teilnehmer. Der immer gleiche Aufbau der Übungsstunden wird geprägt durch Rituale, wie das Lied zum Anfang und die Geschichte zum Ende der Stunde. Rituale erleichtern Menschen mit Demenz das Wiedererkennen des Angebots und die zeitliche Orientierung.

Sollten Sie zum Thema passende Anschauungsobjekte zur Verfügung haben, integrieren Sie diese in das Angebot. Dinge anfassen, riechen und schmecken zu können und dadurch mehr Sinne in das Training zu integrieren, hat viele Vorteile.

Besonders, wenn auch Menschen mit beginnender Demenz an den Übungsstunden teilnehmen, ist es wichtig, auf die individuellen Bedürfnisse der Teilnehmer einzugehen. Sie kennen Ihre Teilnehmer am besten! Passen Sie die Übungen also an und wählen Sie aus. Achten Sie darauf, dass kein Teilnehmer sich bloßgestellt fühlt und dass für jeden Anwesenden Erfolgserlebnisse möglich sind. Sollte für einen Menschen mit Demenz kein Erfolgserlebnis mehr möglich sein, ist diese Form des Gedächtnistrainings kein geeignetes Angebot mehr.

Gemeinsam singen:
„Es tönen die Lieder"

Das wird trainiert:	**musikalisches Gedächtnis, Entspannung, Wissen**
Das wird benötigt:	**auf Wunsch Liedzettel (S. 12)**
Das ist vorzubereiten:	**ggf. Liedtext in ausreichender Anzahl kopieren**

So geht's:

Singen Sie gemeinsam das Lied „Es tönen die Lieder".

In Gruppen mit geübten Teilnehmern kann das Lied im Kanon gesungen werden.

Kopiervorlage

Es tönen die Lieder

Es tönen die Lieder,
der Frühling kehrt wieder,
es spielet der Hirte
auf seiner Schalmei:
Lalalalalalalalala,
lalalalalalalala.
Lalalalalalalalala,
lalalalalalalala.

Sammlung:

Vogellieder

Das wird trainiert:	*Assoziieren, Worte finden, Wissen*
Das wird benötigt:	*Flipchart, Tafel oder Zettel; Stift oder Kreide*

So geht's:

Die Übungsleitung sammelt gemeinsam mit den Senioren so viele Lieder wie möglich, in denen Vögel vorkommen.

Lösungsvorschläge:

Alle Vögel sind schon da

Der Kuckuck und der Esel

Die Vogelhochzeit

Kommt ein Vogel geflogen

Auf einem Baum ein Kuckuck saß

Kuckuck ruft's aus dem Wald

Arbeitsblatt:

Frühlingslieder zuordnen

Das wird trainiert:	**Konzentration, Wissen**
Das wird benötigt:	**Kopien des Arbeitsblatts, ein Stift für jeden Teilnehmer**
Das ist vorzubereiten:	**Arbeitsblatt in ausreichender Anzahl kopieren**

So geht's:

Die Übungsleitung verteilt die Arbeitsblätter und die Stifte und bittet die Teilnehmer, die Aufgabe zu lösen. Die Lösungen werden anschließend vorgelesen und gemeinsam besprochen.

In Gruppen mit ungeübten Teilnehmern werden die Lösungen gemeinsam in der Gruppe gesucht und dann auf Wunsch aufgeschrieben.

Lösungen von oben nach unten:

Es tönen die Lieder

Auf einem Baum ein Kuckuck saß / Kuckuck ruft's aus dem Wald

Im Märzen der Bauer

Vogelhochzeit

Kopiervorlage

Zu jedem Bild passt ein Frühlingslied. Schreiben Sie den Namen des Lieds in das freie Kästchen.

<table>
<tr><td></td><td></td></tr>
<tr><td></td><td></td></tr>
<tr><td></td><td></td></tr>
<tr><td></td><td></td></tr>
</table>

Total verdreht:
Frühlingslieder

Das wird trainiert: **Konzentration, Wissen, Worte finden**

So geht's:

Die Übungsleitung liest nacheinander die folgenden verfremdeten Liedtitel vor. Die Teilnehmenden korrigieren gemeinsam jeden Satz.

1. Alle Spatzen sind schon weg
2. Alles alt macht der März
3. Der April ist gegangen
4. Die Vogeltaufe
5. Grüß Gott, du schöner Märzen
6. Im Maien der Förster
7. Jetzt fängt das gute Neujahr an
8. Komm, böser März
9. Kommt ein Rehlein gelaufen
10. Nun will der Karl uns grüßen

Lösungen:

1. Alle Vögel sind schon da
2. Alles neu macht der Mai
3. Der Mai ist gekommen
4. Die Vogelhochzeit
5. Grüß Gott, du schöner Maien
6. Im Märzen der Bauer
7. Jetzt fängt das schöne Frühjahr an
8. Komm, lieber Mai
9. Kommt ein Vogel geflogen
10. Nun will der Lenz uns grüßen

Notizen

Bewegung:

Alle Vögel sind schon da

Das wird trainiert: Bewegung, Konzentration

So geht's:

Die Übungsleitung liest die folgende Bewegungsgeschichte langsam vor. Immer, wenn der Name eines Vogellieds vorkommt, imitieren die Teilnehmenden mit beiden Armen schwingende Flügel.

Alle Vögel sind schon da

„**Kommt ein Vogel geflogen**", denkt sich Irmi, als die Haustür hinter ihr ins Schloss fällt und ein kleiner Spatz an ihr vorbei zu dem Vogelhäuschen im Vorgarten fliegt. Am Vogelhäuschen fühlt sich nicht nur der Spatz wohl. Eine Amsel, eine Drossel, ein Fink und ein Star lassen es sich dort ebenfalls schmecken. Irmi lacht, als sie die gefiederten Gesellen sieht: Dann ist es wohl so: „**Alle Vögel sind schon da**!"

Heute macht sich Irmi auf den Weg in den Wald, und schon bald schallen ihr die ersten Vogellaute entgegen: „**Kuckuck, kuckuck, ruft's aus dem Wald.**" Wo mag der Kuckuck wohl stecken? Auf ihrem Weg durch den Wald versucht Irmi, ihn zu entdecken, doch er hat sich gut versteckt.

Erst als sie den Wald schon fast durchquert hat, entdeckt sie den Kuckuck auf einem Baum, der zur Weide von Bauer Jan zeigt. „**Auf einem Baum ein Kuckuck saß**", denkt sich Irmi und hält nach Anton, dem Jäger, Ausschau.

Zum Glück lässt sich Anton nicht blicken. Dafür kommt Max angezockelt. Max ist der Esel, der auf der Wiese von Bauer Jan wohnt. Er möchte sich ein paar Streicheleinheiten abholen. Max stört sich nicht an den Schreien des Kuckucks, sondern lässt sich von Irmi ganz genüsslich hinter den Ohren kraulen. „**Der Kuckuck und der Esel, die hatten einen Streit**" – das stimmt also nicht immer. „Schade, dass ich keine Möhre für dich dabeihabe", sagt Irmi und genießt den Augenblick, bevor sie sich auf den Heimweg macht.

Wieder zu Hause angekommen, hat sich das Vogelhäuschen geleert. Nur eine Drossel und eine Amsel sind noch da und scheinen sich gut zu verstehen. „Na, vielleicht wird das ja noch eine **Vogelhochzeit**", lacht Irmi und lässt die beiden Piepmätze in Ruhe.

Arbeitsblatt:
Schüttelsätze

Das wird trainiert:	**Assoziieren, Konzentration**
Das wird benötigt:	**Kopien des Arbeitsblatts, ein Stift für jeden Teilnehmer**
Das ist vorzubereiten:	**Arbeitsblatt in ausreichender Anzahl kopieren**

So geht's:

Die Übungsleitung verteilt die Arbeitsblätter und die Stifte und bittet die Teilnehmer, die Aufgabe zu lösen. Die Lösungen werden anschließend vorgelesen und gemeinsam besprochen.

In Gruppen mit ungeübten Teilnehmern werden die Lösungen gemeinsam in der Gruppe gesucht. Die Teilnehmenden können die Lösungen anschließend aufschreiben, wenn sie möchten.

Lösungsbeispiele (andere Varianten sind möglich):

Im Frühling summen die ersten Bienen.

Mit Gesang kann man den Frühling herbeilocken.

Die Frösche quaken ein Frühlingslied.

Die Melodie gehört zu einem fröhlichen Lied.

Die Vögel geben im Frühling ein Konzert.

Kopiervorlage

Hier wurden die Wörter durcheinandergewürfelt.

Bringen Sie die Wörter in eine sinnvolle Reihenfolge!

summen Im Bienen Frühling ersten die

Gesang den kann man Mit herbeilocken Frühling

Frühlingslied quaken Frösche ein Die

Melodie Die Lied einem gehört zu fröhlichen

---

geben Die Frühling Vögel Konzert im ein

Schätzen:

Wie viele Noten sind zu sehen?

Das wird trainiert: **Urteilen, Konzentration**

So geht's:

Die Übungsleitung hält das Bild von den Noten (S. 23) kurz hoch und dreht es dann um. Sie bittet die Teilnehmer zu schätzen, wie viele Noten auf dem Bild zu sehen sind.

Im Anschluss darf einer der Teilnehmenden nachzählen.

Lösung:

27

Geschichte:

Das ganz besondere Frühlingslied

Das wird trainiert: *Entspannung*

So geht's:

Die Übungsleitung liest die Geschichte langsam vor.

Ein ganz besonderes Frühlingslied

Hannes liebt die Geschichten vom Räuber Hotzenplotz. Die Großmutter in der Geschichte vom Räuber Hotzenplotz hat eine Kaffeemühle. Diese Kaffeemühle spielt ein Lied, wenn die Großmutter den Kaffee mahlt.

Hannes würde seiner Oma auch gern eine solche Kaffeemühle schenken. Hannes' Oma trinkt so gern Kaffee, aber eine Kaffeemühle hat Hannes' Oma nicht. Manchmal erzählt die Oma, dass sie früher noch Kaffee mit der Hand gemahlen hat und dass es dann so wunderbar geduftet hat. Der frisch gemahlene Kaffee, sagt Hannes' Oma immer, der hat einfach am besten geschmeckt.

Hannes' Oma hat auch ein Lieblingslied. Es heißt: „Nun will der Lenz uns grüßen". Wenn sie in der Küche arbeitet, singt sie es leise vor sich hin.

Der Geburtstag der Oma steht kurz bevor, und Hannes hat sein ganzes Taschengeld zusammengesucht und ist in die Stadt gefahren. Dort fragt er im Kaufhaus in der Haushaltsabteilung nach einer Kaffeemühle, die Musik spielt. Die Verkäuferin schaut ihn ratlos an. „Wir haben hier diese elektrischen Kaffeemahlmaschinen – aber Musik spielen die nicht."

Hannes überlegt und entscheidet nach einer Weile, eine solche Kaffeemahlmaschine zu kaufen. Der Geburtstag der Oma kommt, und Hannes überreicht der Oma sein Geschenk. „Du darfst es aber nur benutzen, wenn ich im Raum bin", teilt Hannes ihr mit, „sonst funktioniert es nicht!"

Die Oma ist ganz gespannt, was es mit diesem Geschenk wohl auf sich hat, und packt das Päckchen sorgfältig aus. „Oh, damit kann man ja frischen Kaffee mahlen!", freut sich die Oma.

„Drück mal auf den Knopf!", fordert Hannes sie auf. In dem Moment, als die Oma den Knopf betätigt, fängt er an zu singen: „Nun will der Lenz und grüßen", schmettert er durch den Raum. Als die Oma den Knopf loslässt, hört Hannes sofort auf zu singen. Und als sie wieder drückt, trällert er von Neuem los.

Die Oma lacht. „Mein lieber Hannes, was für ein wunderbares Geschenk!", sagt sie. Gerührt schließt sie ihren Hannes in die Arme und wischt sich ein Tränchen aus dem Auge.

Gemeinsam singen:
„Christ ist erstanden“

Das wird trainiert:	*musikalisches Gedächtnis, Entspannung, Wissen*
Das wird benötigt:	*auf Wunsch Liedzettel*
Das ist vorzubereiten:	*ggf. Liedtext in ausreichender Anzahl kopieren*

So geht's:

Singen Sie gemeinsam das Lied „Christ ist erstanden“.

Kopiervorlage

Christ ist erstanden

Christ ist erstanden
von der Marter alle.
Des solln wir alle froh sein,
Christ will unser Trost sein.
Kyrieleis.

Wär er nicht erstanden,
so wär die Welt vergangen.
Seit dass er erstanden ist,
so freut sich alles, was da ist.
Kyrieleis.

Halleluja,
Halleluja,
Halleluja.
Des solln wir alle froh sein,
Christ will unser Trost sein.
Kyrieleis.

Sammlung:
Aus ausgeblasenen Eiern

Das wird trainiert:	**Assoziieren, Worte finden, Wissen**
Das wird benötigt:	**Flipchart, Tafel oder Zettel; Stift oder Kreide**

So geht's:

Die Übungsleitung sammelt gemeinsam mit den Senioren verschiedene Speisen, die man aus Eiern, die zu Ostern ausgeblasen wurden, herstellen kann.

Lösungsvorschläge:

Rührei, Omelette, Kuchen, Biskuit, Kekse, Pfannkuchen (Eierkuchen), Aufläufe, Eierlikör, Eierstich, Nudeln, Spätzle

Arbeitsblatt:

Verschluckte Vokale

Das wird trainiert: Konzentration, Wissen
Das wird benötigt: Kopien des Arbeitsblatts, ein Stift für jeden Teilnehmer
Das ist vorzubereiten: Arbeitsblatt in ausreichender Anzahl kopieren

So geht's:

Die Übungsleitung verteilt die Arbeitsblätter und die Stifte und bittet die Teilnehmer, die Aufgabe zu lösen. Die Lösungen werden anschließend vorgelesen und gemeinsam besprochen.

In Gruppen mit ungeübten Teilnehmern werden die Lösungen gemeinsam in der Gruppe gesucht. Wer möchte, kann sie anschließend aufschreiben.

Lösungen:

STER _ → Osterei
K_RCH_ → Kirche
H_S_ → Hase
J_S_S → Jesus
FR_HST_CK → Frühstück
H_HN → Huhn / Hahn
_ _F_RST_H_NG → Auferstehung
N_ST → Nest
_ST_RF_ _ _R → Osterfeuer

Kopiervorlage

Was fehlt hier?

Fügen Sie die fehlenden Buchstaben ein.

_ S T E R _ _

K _ R C H _

H _ S _

J _ S _ S

F R _ H S T _ C K

H _ H N

_ _ F _ R S T _ H _ N G

N _ S T

_ S T _ R F _ _ _ R

Namen finden:
Frühstückskreationen

Das wird trainiert: **Fantasie, Worte finden, Assoziieren**

So geht's:

Die Übungsleitung stellt den Teilnehmern folgende Aufgabe:

Das Osterfrühstück hat bei den Freundinnen Johanna, Karla, Zelma und Linde eine lange Tradition. Sie treffen sich in diesem Jahr zum zwanzigsten Mal. Eigens für diesen Anlass hat jede der vier sich eine ganz besondere Leckerei für das Frühstück ausgedacht. Nur einen Namen haben sie für ihre Kreationen noch nicht. Helfen Sie den vieren, eine passende Bezeichnung für ihre Mitbringsel zu finden!

Johanna:

Johanna hat sich dazu entschieden, Rührei einmal etwas kreativer zuzubereiten. Sie hat kleine gewürfelte Paprikastücke und Fetawürfel hinzugegeben.

Wie könnte die Eierspeise heißen?

Karla:

Karla hat sich viel Zeit genommen und Eier ausgeblasen. Das Loch der ausgeblasenen Eier hat sie stark vergrößert und dort den Teig ihres Rotweinkuchens eingefüllt. Die gefüllten Eier hat sie dann gebacken. Nun kann man den saftigen Rotweinkuchen aus den Eiern herauspellen.

Wie könnte Karla die Eier nennen?

Zelma:

Zelma bereitet immer einen süßen Hefezopf für das Osterfrühstück zu. In diesem Jahr hat sie Marzipan und dunkle Schokoladenstücke unter den Hefeteig gemengt. Den Zopf hat sie zu einem Kranz gelegt.

Fällt Ihnen ein Name für Zelmas Hefegebäck ein?

Linde:

Linde hat Hackfleisch kräftig gewürzt und einen Teig für Hackbraten daraus zubereitet. Den Hackbraten hat sie in einer Osterhasenform gebacken.

Wie könnte der Hackbraten heißen?

Bewegung:
Verknüpfungen

Das wird trainiert:	Bewegung, Koordination, Worte finden, Konzentration

So geht's:

Mit fitten Teilnehmenden kann diese Übung im Stehen durchgeführt werden. Sie eignet sich auch zur Ausführung im Sitzen. Bei der Kombination von Bewegung und Sprache ist Koordination gefragt.

Hasen	→	Neben den Ohren schnipsen.
hüpfen	→	2x auf den Oberschenkel patschen.
hoch	→	Die Arme hoch in die Luft strecken.

Die Übungsleitung spricht den Satz „Hasen hüpfen hoch" immer wieder vor und macht dazu die passenden Bewegungen (s. o.). Die Teilnehmer machen die Bewegungen mit.

Wenn sich die Gruppe den Ablauf gemerkt hat, wird die Reihenfolge der Satzteile geändert – und entsprechend auch die Reihenfolge der Bewegungen.

Hüpfen Hasen hoch?

Hoch hüpfen Hasen!

Die verschiedenen Sätze werden nacheinander gesprochen.

Das Tempo kann gesteigert werden.

Notizen

Arbeitsblatt:

Wo steckt das Ei drin?

Das wird trainiert:	**Konzentration, Wissen**
Das wird benötigt:	**Kopien des Arbeitsblatts, ein Stift für jeden Teilnehmer**
Das ist vorzubereiten:	**Arbeitsblatt in ausreichender Anzahl kopieren**

So geht's:

Die Übungsleitung verteilt die Arbeitsblätter und die Stifte und bittet die Teilnehmer, die Aufgabe zu lösen. Die Lösungen werden anschließend vorgelesen und gemeinsam besprochen.

In Gruppen mit ungeübten Teilnehmern werden die Lösungen gemeinsam in der Gruppe gesucht. Die Teilnehmenden können die Lösungen aufschreiben, wenn sie möchten.

Lösungen (von oben nach unten):

Feile, Wein, Beil, Seil, Puzzleteil, Pfeil

Kopiervorlage

Welches Wort wird hier gesucht? – Ein TIPP: „Ei“ ist in jedem Wort enthalten.

Eigenschaften:
Geschenke für das Osternest

Das wird trainiert: **Assoziieren, Worte finden, Wissen**

So geht's:

Die Übungsleitung bittet die Teilnehmer, Geschenke für das Osternest zu nennen, die die folgenden Eigenschaften haben sollten.

süß

teuer

bunt

klebrig

rund

groß

klein

Lösungsbeispiele:

süß: Schokoladenhase, Osterkekse
teuer: Goldkette, Fabergé-Ei
bunt: Osterei, Osterdekoration
klebrig: Gelee-Eier, Karamell-Bonbons
rund: Schokoladenkugeln, Liebesperlen
groß: Kuscheltierhase, Plüsch-Henne
klein: Schokolinsen, Marzipan-Eier

Geschichte:

Ostereier

Das wird trainiert: *Entspannung*

So geht's:

Die Übungsleitung liest die Geschichte langsam vor.

Ostereier früher

Auf dem Bauernhof, auf dem ich groß geworden bin, gab es immer frische Eier. Wir Kinder liebten es, in den Hühnerstall zu gehen und die frischen Eier einzusammeln.

Es gab allerdings eine Zeit im Jahr, in der wir die Eier nicht essen durften. Das war die Fastenzeit vor Ostern. Aschermittwoch begann die Fastenzeit, und Ostersonntag endete sie. Die Hühner wussten natürlich nichts von der Fastenzeit. Die Hühner legten weiter ihre Eier. Wir sammelten die Eier auch weiter ein, durften sie aber nicht essen.

Bis zu den Osterfeiertagen hatte sich bei uns in der Vorratskammer ein riesiger Haufen Eier angesammelt. Kurz vor Ostern wurden die Eier dann gefärbt. Meine Mutter teilte die Eier in drei Gruppen auf. Die erste Gruppe kochte sie mit roter Bete zusammen. Diese Eier wurden rot.

Die zweite Gruppe Eier kochte sie mit Spinat, diese Eier wurden grün.

Die dritte Gruppe Eier wurde mit Zwiebelschalen gekocht, diese Eier wurden braun.

Manchmal sammelten wir kleine Blüten und Blätter. Die wurden dann mit einem Bindfaden an den Eiern befestigt. Das Befestigen musste meine Mutter übernehmen, weil es eine sehr filigrane Handarbeit war.

Nach dem Kochen waren die Eier dann nicht nur farbig, es waren auch kleine Blätter und Blüten darauf zu sehen. Ich stand oft fasziniert vor den Eiern und schaute sie an. Sie waren wunderschön.

In der Nacht vor Ostersonntag holte der Osterhase die Eier ab und versteckte sie bei uns im Garten. Was für eine Freude es war, die Eier dann zu suchen. Nach der Suche durften wir sie auch endlich wieder essen. Zu keiner anderen Zeit im Jahr schmeckten die Eier besser!

Gemeinsam singen:
„Kommt ein Vogel geflogen“

Das wird trainiert:	*musikalisches Gedächtnis, Entspannung, Wissen*
Das wird benötigt:	*auf Wunsch Liedzettel (S. 44)*
Das ist vorzubereiten:	*ggf. Liedtext in ausreichender Anzahl kopieren*

So geht's:

Singen Sie gemeinsam das Lied „Kommt ein Vogel geflogen“.

Kopiervorlage

Kommt ein Vogel geflogen

Kommt ein Vogel geflogen,
setzt sich nieder auf mein' Fuß,
hat ein' Zettel im Schnabel,
von der Mutter ein Gruß.

Lieber Vogel, flieg weiter,
nimm ein' Gruß mit und ein' Kuss,
denn ich kann dich nicht begleiten,
weil ich hierbleiben muss.

Sammlung:

Wörter mit „Mutter…“

Das wird trainiert: Assoziieren, Worte finden, Wissen
Das wird benötigt: Flipchart, Tafel oder Zettel; Stift oder Kreide

So geht's:

Die Übungsleitung sammelt gemeinsam mit den Senioren verschiedene Wörter, die das Wort „Mutter…“ enthalten. Sie notiert die Wörter auf Flipchart, Tafel oder Zettel.

Lösungsvorschläge:

Muttererde, Muttermilch, Schraubenmutter, Mutterfreuden, Mutterkonzern, Muttersprache, Mutterschwein, Mutterschiff, mutterseelenallein, Muttersöhnchen, Schwiegermutter, Großmutter, Flügelmutter, Gebärmutter, Adoptivmutter

Arbeitsblatt:

Süße Geschenke erkennen

Das wird trainiert:	**Konzentration, Wissen**
Das wird benötigt:	**Kopien des Arbeitsblatts, ein Stift für jeden Teilnehmer**
Das ist vorzubereiten:	**Arbeitsblatt in ausreichender Anzahl kopieren**

So geht's:

Die Übungsleitung verteilt die Arbeitsblätter und die Stifte und bittet die Teilnehmer, die Aufgabe zu lösen. Die Lösungen werden anschließend gemeinsam besprochen.

In Gruppen mit ungeübten Teilnehmern werden die Lösungen gemeinsam in der Gruppe gesucht. Die Teilnehmenden können die Lösungen aufschreiben, wenn sie möchten.

Lösungen von oben nach unten:

Marzipankartoffeln, Liebesperlen, Erdbeertorte, Schwarzwälder Kirschtorte, Mozartkugel, Nougat

Kopiervorlage

Schreiben Sie den Namen jedes süßen Geschenks in das freie Kästchen.

Gegen-SÄTZE bilden

Das wird trainiert: *in Worte fassen, Worte finden, Wissen*

So geht's:

Hier ist das Gegenteil gefragt. Die Übungsleitung liest die folgenden Sätze und die dazugehörigen Fragen nacheinander vor. Die Teilnehmer nennen jeweils die Lösung in einem ganzen Satz.

In Gruppen mit ungeübten Teilnehmern kann die Übungsleitung das genannte Adjektiv noch einmal einzeln aufgreifen und nach einem geeigneten Gegenteil fragen, etwa: „Die Mutter ist nicht klein, sondern: ...?"

Benötigen die Teilnehmer weitere Hilfestellung, gibt die Übungsleitung zwei alternative Lösungen vor.

Beispiel: „Ist das Gegenteil von klein *dick* oder *groß*?"

1. Das Baby ist klein. Wie ist die Mutter? →
   Die Mutter ist groß.

2. Der Raufbold ist grob. Wie ist die Mutter? →
   Die Mutter ist zärtlich.

3. Vaters Gesicht ist stoppelig. Wie ist Mutters Gesicht? →
   Mutters Gesicht ist glatt.

4. Die Kinder sind laut. Wie ist die Mutter? →
   Die Mutter ist leise.

5. Die Schnecke ist langsam. Wie ist die Mutter? →
   Die Mutter ist flink.

6. Die Tochter ist unordentlich. Wie ist die Mutter? →
   Die Mutter ist ordentlich.

7. Die Herzdame ist kaltherzig. Wie ist die Mutter? →
   Die Mutter ist warmherzig.

8. Der Vater ist männlich. Wie ist die Mutter? →
   Die Mutter ist weiblich.

9. Der Manager ist angespannt. Wie ist die Mutter? →
   Die Mutter ist entspannt.

10. Die Kinderschrift ist krakelig. Wie ist die Schrift der Mutter? →
    Die Schrift der Mutter ist schön.

Bewegung:
Den Ablauf nachahmen

Das wird trainiert: *Bewegung, Konzentration*

So geht's:

Von der Erdbeere zum Muttertagskuchen. Die Teilnehmer nennen die Schritte, die nötig sind, um Erdbeeren zu pflücken und anschließend auf einem Erdbeerkuchen zu genießen.

Im Zentrum der Aufmerksamkeit stehen Erdbeeren, die zunächst von der Erdbeerpflanze gepflückt werden. Die Teilnehmenden nennen jeweils eine Tätigkeit, die ausgeführt werden muss, und alle ahmen die Tätigkeit nach.

Lösungsbeispiel:

- Die Erdbeeren pflücken und in eine Schale legen (Bewegungen nach rechts und links).
- Die Erdbeeren abwaschen.
- Die Stielansätze der Erdbeeren entfernen.
- Eine Schüssel für den Teig bereitstellen.
- Die Zutaten für den Tortenboden in die Schüssel geben.
- Die Zutaten für den Teig verrühren.
- Die Form für den Tortenboden bereitstellen.
- Den Teig für den Tortenboden in die Form füllen.
- Den Ofen anstellen.
- Die Form in den Ofen stellen.
- Den Tortenboden aus dem Ofen herausholen.
- Den Tortenboden stürzen (dann pusten zum Abkühlen).
- Die Erdbeeren auf dem Tortenboden verteilen.
- Den Tortenguss anrühren.
- Den Tortenguss über die Erdbeeren geben.
- Der Mutter den Erdbeerkuchen schenken.

Arbeitsblatt:

Wortgitter

Das wird trainiert:	*Konzentration, Wissen*
Das wird benötigt:	*Kopien von Arbeitsblatt A oder B, ein Stift für jeden Teilnehmer*
Das ist vorzubereiten:	*Arbeitsblatt A oder B in ausreichender Anzahl kopieren*

So geht's:

Für geübte Teilnehmer nutzen Sie die Version A des Arbeitsblatts (siehe Seite 52). Die Übungsleitung verteilt die Arbeitsblätter und die Stifte und bittet die Teilnehmer, die Aufgabe zu lösen und die gefundenen Wörter zu markieren. Für Gruppen mit ungeübten Teilnehmern nutzen Sie Version B des Arbeitsblatts (siehe Seite 53). Die Lösungen werden gemeinsam in der Gruppe gesucht. Die gefundenen Wörter können anschließend markiert werden.

Kopiervorlage

A. Finden Sie die folgenden Wörter in dem Wortgitter:

Pralinen • Rosen • Blumen • Torte • Parfüm

Lesen Sie von links nach rechts → und von oben nach unten ↓.

M	R	O	S	E	N	N	K	L	O
O	I	W	B	U	H	I	O	Ü	P
B	U	E	N	V	G	Ö	P	J	G
L	Z	R	M	C	H	O	Ü	K	H
U	T	T	Q	X	J	K	A	R	F
M	R	Z	P	A	R	F	Ü	M	B
E	E	U	P	Y	W	Q	X	C	N
N	W	I	R	L	E	W	Y	V	M
P	Q	O	A	K	R	E	L	B	V
Ü	M	P	L	J	T	R	K	N	C
A	N	Ü	I	H	Z	T	H	M	X
S	B	A	N	G	U	Z	G	Ä	Q
D	V	S	E	F	I	U	F	Ü	W
F	C	D	N	D	O	I	D	P	E
G	X	F	G	S	P	O	S	O	R
H	Y	H	T	O	R	T	E	I	T
J	L	J	K	A	Ü	P	A	U	Z

Kopiervorlage

B. Finden Sie die folgenden Wörter in dem Wortgitter:

Rosen • Blumen • Torte

Lesen Sie von links nach rechts → und von oben nach unten ↓.

M	N	B	V	Ö	T
R	O	S	E	N	O
G	H	J	K	L	R
T	W	A	S	D	T
Z	I	O	P	F	E
B	L	U	M	E	N

Zuordnen:

Blütenwunder finden

Das wird trainiert:	***Struktur und Zusammenhang, Wissen, Konzentration***
Das wird benötigt :	***Kopien von Arbeitsblatt A oder B, ein Stift für jeden Teilnehmer***
Das ist vorzubereiten:	***Die Wortkarten kopieren und ausschneiden. Für den mehrfachen Gebrauch evtl. laminieren.***

So geht's:

Die Karten werden gemischt und offen auf dem Tisch verteilt. Gesucht werden Blumennamen: Die Teilnehmer versuchen, jeweils zwei Wortkarten so miteinander zu kombinieren, dass der Name einer Blume entsteht.

Lösungsvorschläge:

Amaryllis
Chrysantheme
Gerbera
Hyazinthe
Ranunkel
Matricaria
Schleierkraut
Alstroemeria
Veronica

Kopiervorlage

Ama	ryllis
Chrysan	theme
Ger	bera
Hya	zinthe
Ra	nunkel
Matri	caria
Schleier	kraut
Alstroe	meria
Ver	onica

Geschichte:

Ein bisschen wie die Mama

Das wird trainiert: *Entspannung*

So geht's:

Die Übungsleitung liest die Geschichte langsam vor.

Ein „Muttermorgen“ reicht

„Heute ist Muttertag!“, verkündete der Papa, als er die kleine Elise weckte. Elise rieb sich die Augen „Aber warum weckst *du* mich dann, Papa?“, fragte Elise verwundert. „Weil die Mama heute einen freien Tag hat. Heute machen wir alles, was sonst die Mama erledigt!“

„*Alles?*“ Elise war entsetzt. Sie war nicht sicher, ob Papa wusste, was er da redete. „Müssen wir auch das Frühstück machen?“

„Wir müssen auch das Frühstück machen!“ Papa grinste, und Elise bohrte weiter nach: „… und müssen wir auch putzen und aufräumen und Wäsche waschen und bügeln und Wäsche wegräumen, kochen, einkaufen und dabei die ganze Zeit den Babybruder auf dem Arm haben?“

Der Papa schluckte und schaute etwas verlegen. „Na ja, vielleicht reicht es erst mal, wenn wir Frühstück machen und einen Kuchen backen.“

Die beiden machten sich an die Arbeit. Sie bereiteten ein ganz besonderes Frühstück vor: Sie pressten frischen Orangensaft aus, brieten Rührei und schoben einen Marmorkuchen in den Ofen. „Puh“, sagte Elise, als sie fertig waren, „das war ganz schön anstrengend. Können wir nicht nur einen Mutter*morgen* machen, und Mama macht jetzt wieder weiter?“

Papa versuchte, Elise den Sinn von Muttertag zu erklären. „Elise“, setzte er an „heute ist der Tag, an dem wir der Mama eine Freude machen, weil sie an jedem anderen Tag des Jahres *so* viel für uns tut.“

„Ach so, deswegen machen wir Frühstück und Kuchen? Um der Mama eine Freude zu machen? Das geht doch viel einfacher!“ Sie verschwand in ihrem Zimmer und kam kurze Zeit später mit einem aus Tonpapier ausgeschnittenen Herzchen zurück. „Für die beste Mama der Welt“, hatte sie in Großbuchstaben daraufgeschrieben und es über und über mit Glitzer bestreut.

Kurze Zeit später kam die Mama mit dem Babybruder auf dem Arm aus dem Schlafzimmer „Oh, hier duftet es aber köstlich!“, stellte sie lächelnd fest. „Leckerer Kuchen, Rührei, frischer Orangensaft – das ist ja ein toller Muttertag!“

„Ich hab *noch* etwas für dich, Mama!“, sagte Elise stolz und überreichte der Mama das Glitzerherzchen.

Der Mama traten die Tränen in die Augen. „Oh, Elise, das ist *so* lieb von dir!“, sagte sie und hörte gar nicht mehr auf, ihre Tochter zu drücken. Triumphierend zwinkerte Elise ihrem verdattert dreinschauenden Papa zu.

Gemeinsam singen:

„Im Märzen der Bauer"

Das wird trainiert:	*musikalisches Gedächtnis, Entspannung, Wissen*
Das wird benötigt:	*auf Wunsch Liedzettel*
Das ist vorzubereiten:	*ggf. Kopieren des Liedtextes in ausreichender Anzahl*

So geht's:

Singen Sie gemeinsam das Lied „Im Märzen der Bauer".

Kopiervorlage

Im Märzen der Bauer

1. Im Märzen der Bauer die Rösslein einspannt,
er setzt seine Felder und Wiesen instand.
Er pflüget den Boden, er egget und sät
und rührt seine Hände frühmorgens und spät.

2. Die Bäurin, die Mägde, sie dürfen nicht ruhn,
sie haben im Haus und im Garten zu tun:
Sie graben und rechen und singen ein Lied,
und freun sich, wenn alles schön grünet und blüht.

3. So geht unter Arbeit das Frühjahr vorbei,
dann erntet der Bauer das duftende Heu,
er mäht das Getreide, dann drischt er es aus:
Im Winter, da gibt es manch fröhlichen Schmaus.

Sammlung:

Putzutensilien

Das wird trainiert:	Assoziieren, Worte finden, Wissen
Das wird benötigt:	Flipchart, Tafel oder Zettel; Stift oder Kreide

So geht's:

Die Übungsleitung sammelt gemeinsam mit den Senioren die Namen von Putzutensilien, die man für einen Frühjahrputz gebrauchen kann.

Lösungsvorschläge:

Fensterleder, Besen, Staubwedel, Staubtuch, Handfeger, Wischer, Wischmopp, Schwamm, Bürste, Scheuermilch, Essigreiniger, Glasreiniger, Gummihandschuhe

Arbeitsblatt:

Lücken füllen

Das wird trainiert:	Konzentration, Wortfindung
Das wird benötigt:	Kopien von Arbeitsblatt A oder B, ein Stift für jeden Teilnehmer
Das ist vorzubereiten:	Arbeitsblatt in ausreichender Anzahl kopieren

So geht's:

Bei Gruppen mit geübteren Teilnehmern verteilt die Übungsleitung Kopien von Arbeitsblatt A (Seite 64) sowie die Stifte und bittet die Teilnehmer, die Aufgabe zu lösen. Die Lösungen werden anschließend vorgelesen und gemeinsam besprochen.

Für Gruppen mit ungeübten Teilnehmern nutzen Sie die leichte Version B des Arbeitblatts (siehe Seite 65). Lesen Sie die Aufgabe vor und besprechen Sie die Lösung im Plenum.

Lösung A:

Heute wird in der Wohnung von Müllers gründlich geputzt. Herr Müller muss das Sofa anheben, damit Frau Müller unter dem Sofa staubsaugen kann. Sie entfernt jeden einzelnen Krümel, der zwischen die Sofakissen gerutscht ist. Sogar der Schrank wird von der Wand abgerückt, um hinter dem Schrank sauber zu machen. Auf den Küchenschränken hat sich auch eine Menge Schmutz gesammelt, der wird restlos entfernt. Am Ende ist Frau Müller zufrieden. Nur über ihren Mann ärgert sie sich ein bisschen. Er hätte wirklich mehr helfen können.

Lösung B:

Heute wird in der Wohnung von Müllers gründlich geputzt. Herr Müller muss das Sofa anheben, damit Frau Müller unter dem Sofa staubsaugen kann. Sie entfernt jeden einzelnen Krümel, der zwischen die Sofakissen gerutscht ist.

Kopiervorlage

A. Setzen Sie die folgenden Wörter sinnvoll in die Lücken ein:

hinter • über • in • zwischen • auf • unter

Heute wird ______________ der Wohnung von Müllers gründlich geputzt. Herr Müller muss das Sofa anheben, damit Frau Müller ______________ dem Sofa staubsaugen kann. Sie entfernt jeden einzelnen Krümel, der ______________ die Sofakissen gerutscht ist.

Sogar der Schrank wird von der Wand abgerückt, um ______________ dem Schrank sauber zu machen. ______________ den Küchenschränken hat sich auch eine Menge Schmutz gesammelt – der wird restlos entfernt. Am Ende ist Frau Müller zufrieden. Nur ______________ ihren Mann ärgert sie sich ein bisschen. Er hätte wirklich mehr helfen können.

Kopiervorlage

B. Setzen Sie die folgenden Wörter sinnvoll in die Sätze ein:

zwischen • unter • in

Heute wird ______________________ der Wohnung von Müllers gründlich geputzt. Herr Müller muss das Sofa anheben, damit Frau Müller ______________________ dem Sofa staubsaugen kann. Sie entfernt jeden einzelnen Krümel, der ______________________ die Sofakissen gerutscht ist.

Überschriften finden:
Alles wird blitzeblank

Das wird trainiert:	*Fantasie, assoziieren, in Worte fassen*
Das wird benötigt:	*Bildkarten und für weniger fitte Gruppen zusätzlich Flip-Chart, Tafel oder Zettel*
Das ist vorzubereiten:	*Bildkarten kopieren und ausschneiden, für den mehrfachen Gebrauch evtl. laminieren.*

So geht's:

Die Bildkarten werden offen auf dem Tisch verteilt. Die Übungsleitung schreibt die untenstehenden Überschriften auf Flip-Chart, Tafel oder Zettel.

Anschließend ziehen die Teilnehmer jeweils ein Bild und entscheiden gemeinsam, welche Überschrift am besten zu dem Bild passt.

Lösungsvorschläge:

Kleine Helfer, große Hilfe
Putzkolonne
Früh übt sich …
Rock-Star bei der Arbeit
Spaghetti-Desaster
Im Kampf gegen den Dreck

Variante für geübte Teilnehmer: Die Übungsleitung schreibt keine Überschriften auf. Die Teilnehmer ziehen jeweils eine Bildkarte und denken sich selbstständig eine passende Überschrift aus.

Kopiervorlage

Bewegung:

Putzkette

Das wird trainiert: *Bewegung, Konzentration*

So geht's:

Die Übungsleitung stellt jeweils eine Bewegung für unterschiedliche Putzvorgänge vor.

Lappen auswringen: Die Hände vor dem Oberkörper zu Fäusten formen und in entgegengesetzte Richtung drehen.

Teppich klopfen: Abwechselnd mit der linken und der rechten flachen Hand in die Luft gegen einen fiktiven Teppich hauen.

Fegen: Mit den Füßen fiktiven Schmutz zur Seite kehren.

Fenster putzen: Mit beiden Händen über eine fiktive Fensterscheibe putzen.

Staub putzen: Einmal links vom Körper und einmal rechts vom Körper fiktiv mit dem Staubwedel hantieren.

Reihum darf sich jeder Teilnehmer eine Putzbewegung aussuchen. Die Gruppe führt diese Bewegung gemeinsam durch. Die zuvor gewählten Bewegungen werden – wie bei dem Spiel „Ich packe meinen Koffer" – dem neuen Wunsch vorangestellt.

Beispiel:

Der erste Teilnehmer wählt: **Fenster putzen.** Die Teilnehmer machen die Fensterputzbewegung.

Der zweite Teilnehmer wählt: **Lappen auswringen.** Die Teilnehmer machen die Fensterputzbewegung und dann die Bewegung zum Lappen-Auswringen.

Der dritte Teilnehmer wählt: **Fegen.** Die Teilnehmer machen die Fensterputzbewegung, dann die Bewegung zum Lappen-Auswringen, dann die Fegebewegung.

In Gruppen mit geübten Teilnehmern können die Senioren sich auch selbst passende Bewegungen zum Thema Putzen ausdenken.

Arbeitsblatt:
Wortschlange

Das wird trainiert wird: ***Konzentration, Wissen***
Das wird benötigt: ***Kopien von Arbeitsblatt A oder B, ein Stift für jeden Teilnehmer***
Das ist vorzubereiten: ***Arbeitsblatt A oder B in ausreichender Anzahl kopieren***

So geht's:

Für geübtere Teilnehmer verteilt die Übungsleitung Version A des Arbeitsblatts und die Stifte. Sie bittet die Teilnehmer, die Aufgabe zu lösen. Die Lösung wird anschließend vorgelesen und gemeinsam besprochen.

Für Gruppen mit ungeübten Teilnehmern wird die leichtere Version B des Arbeitsblatts gewählt (siehe Seite ##). Die Lösung wird gemeinsam in der Gruppe gesucht.

Lösung A:

8x

Lösung B:

2x

Kopiervorlage

A. Manchmal muss man den Lappen schnappen!

Finden Sie das Wort **„SCHNAPPEN“**. Markieren Sie es.

Wie oft kommt es vor?

LAPPENLAPPENLAPPENLAPPENLAPPENLAP
PENSCHNAPPENLAPPENLAPPENLAPPENLAP
PENLAPPENLAPPENLAPPENLAPPENLAPPEN
LAPPENLAPPENLAPPENLAPPENSCHNAPPEN
LAPPENLAPPENLAPPENLAPPENLAPPENLAP
PENLAPPENLAPPENLAPPENLAPPENLAPPEN
LAPPENLAPPENLAPPENSCHNAPPENLAPPEN
LAPPENLAPPENLAPPENLAPPENLAPPENLAP
PENLAPPENLAPPENLAPPENLAPPENLAPPEN
LAPPENLAPPENLAPPENLAPPENLAPPENLAP
PENLAPPENLAPPENLAPPENSCHNAPPENLAP
PENLAPPENLAPPENLAPPENLAPPENLAPPEN
LAPPENLAPPENSCHNAPPENLAPPENLAPPEN
LAPPENLAPPENLAPPENLAPPENLAPPENLAP
PENLAPPENLAPPENLAPPENLAPPENLAPPEN
LAPPENLAPPENLAPPENSCHNAPPENLAPPEN
LAPPENLAPPENLAPPENLAPPENLAPPENLAP
PENSCHNAPPENSCHNAPPENLAPPENLAPPEN

Kopiervorlage

B. Manchmal muss man den Lappen schnappen !

Finden Sie das Wort **„SCHNAPPEN“**. Markieren Sie es.

Wie oft kommt es vor?

L A P P E N L A P P E N L A P P E
N L A P P E N S C H N A P P E N
L A P P E N L A P P E N L A P P E N
L A P P E N S C H N A P P E N
L A P P E N L A P P E N L A P P E N

Sprichwörter ergänzen:

Der Dreck muss weg!

Das wird trainiert wird: **Konzentration, Wissen, Worte finden**

So geht's:

Die Übungsleitung liest den Anfang jedes Sprichworts und jeder Redewendung vor. Die Teilnehmer ergänzen die andere Hälfte.

In Gruppen mit geübten Teilnehmern kann die Übungsleitung das Ende des Sprichworts vorlesen, und die Teilnehmer versuchen, den Anfang zu ergänzen.

1. Ordnung ist das → halbe Leben.
2. Etwas unter den → Teppich kehren.
3. Das geht dich einen feuchten → Kehricht an.
4. Neue Besen → kehren gut.
5. Mit allen Wassern → gewaschen sein.
6. Viele Hände, → schnelles Ende.
7. Was du heute kannst besorgen, → das verschiebe nicht auf morgen.

8. Jeder soll vor der eigenen Haustüre kehren. →

9. Sich aus dem Staub machen. →

10. Hier sieht es aus wie bei Hempels unterm Sofa. →

11. Da fress ich einen Besen. →

12. Jemandem durch die Lappen gehen. →

Geschichte:

Die verschwundenen Lappen

Das wird trainiert: **Entspannung**

So geht's:

Die Übungsleitung liest die Geschichte langsam vor.

Die verschwundenen Lappen

Ester kratzte sich am Kopf. Da stimmte doch etwas nicht!

Heute war der Tag, den sie schon seit Wochen für den Frühjahrsputz reserviert hatte. Sie hatte ihre Schürze an und ihre Haare mit einem Tuch zusammengebunden. Ihren Mann Holger hatte sie nach draußen zum Autowaschen geschickt. Besen, Staubwedel, Staubsauger und Fensterleder standen bereit. Auch Scheuermilch, Essigreiniger und Gallseife hatte Ester schon herausgesucht. Eigentlich hatte sie auch die Lappen bereitgelegt. Sie war sich ganz sicher. Dort auf dem Küchentisch hatte sie sie deponiert. Nur – dort lagen sie nicht mehr. Wie konnte das sein? Wie sollte sie denn jetzt anfangen?

Ester überlegte noch einmal ganz gründlich. Ob Holger die Lappen mitgenommen hatte? Sie öffnete das Küchenfenster und sah ihren Mann bei dem Auto vor der Garage stehen. „Sag mal, Holger, hast du meine Lappen geklaut?"

Holger schaute sie verdutzt an: „Ich dachte, du hast mir die Lappen hingelegt? Ja, die Lappen habe ich hier alle in Gebrauch!"

„Alle?" Ester war entsetzt. „Das waren doch mindestens acht Stück. Wofür brauchst du denn acht Lappen?"

Holger betrachtete den schwarzen Lappen in seiner Hand und zuckte verlegen mit den Schultern. „Das Auto ist sehr dreckig", sagte er ein bisschen kleinlaut.

Ester seufzte. „Man kann die Lappen auch zwischendurch auswaschen", gab sie ihrem Mann zu bedenken. „Aber dafür ist es jetzt wohl zu spät." Unzufrieden schloss sie das Fenster.

Ester dachte nach. Verschieben wollte sie ihren Frühjahrsputz nicht. – Da kam ihr eine Idee. Schon seit Jahren diskutierte Ester mit ihrem Mann darüber, dass er seine knallbunten Hawaii-Hemden endlich entsorgen sollte. Sie passten längst nicht mehr, aber Holger war der Meinung, er würde vielleicht noch einmal abnehmen.

Ester wusste, dass das nicht passieren würde. Außerdem fand sie die Hemden furchtbar hässlich. Jetzt hatte ihr letztes Stündlein geschlagen: Ester suchte die Hemden hervor und schnitt sie in handgerechte Lappen.

Jetzt konnte der Frühjahrsputz losgehen!

Gemeinsam singen:
„Alle Vögel sind schon da“

Das wird trainiert:	*musikalisches Gedächtnis, Entspannung, Wissen*
Das wird benötigt:	*auf Wunsch Liedzettel*
Das ist vorzubereiten:	*ggf. Liedtext in ausreichender Anzahl kopieren*

So geht's:

Singen Sie gemeinsam das Lied „Alle Vögel sind schon da“.

Kopiervorlage

Alle Vögel sind schon da

1. Alle Vögel sind schon da, alle Vögel, alle!

Welch ein Singen, Musiziern, Pfeifen, Zwitschern, Tiriliern!

Frühling will nun einmarschiern, kommt mit Sang und Schalle.

2. Wie sie alle lustig sind, flink und froh sich regen!

Amsel, Drossel, Fink und Star und die ganze Vogelschar

wünschen dir ein frohes Jahr, lauter Heil und Segen.

3. Was sie uns verkünden nun, nehmen wir zu Herzen:

Wir auch wollen lustig sein, lustig wie die Vögelein,

hier und dort, feldaus, feldein, singen, springen, scherzen.

Sammlung:

Vogelarten

Das wird trainiert: *assoziieren, Worte finden, Wissen*

Das wird benötigt: *Flipchart, Tafel oder Zettel, Stift oder Kreide*

So geht's:

Die Übungsleitung gibt jeweils einen Buchstaben vor. Die Teilnehmer nennen Vogelarten, die mit dem genannten Buchstaben beginnen.

Mit fortgeschrittenen Teilnehmern kann diese Übung als Reihum-Übung durchgeführt werden, bei der jeder einmal drankommt.

Mit ungeübten Teilnehmern sammeln alle Teilnehmer die Vogelarten gemeinsam im Plenum. Vorgegeben werden Buchstaben, mit denen geläufige Vogelarten beginnen. Die genannten Vogelarten werden auf Flipchart, Tafel oder Zettel für alle sichtbar notiert. Buchstaben, die sich zum Bespiel eignen, sind: A, B, D, E, F, H, K, M, R, S, T, W, U, Z

Lösungsvorschläge:

Amsel, Auerhahn, Austernfischer, Adler

Buchfink, Bachstelze, Blaumeise, Baumpieper

Drossel, Dohle, Dompfaff

Elster, Eichelhäher, Erlenzeisig, Eule

Fink, Feldlerche, Fichtenkreuzschnabel, Feldsperling, Falke

Gans, Grasmücke, Goldammer, Grünfink

Habicht, Haubenmeise, Heckenbraunelle, Haussperling

Kleiber, Kernbeißer, Kohlmeise, Kolkrabe

Meise, Mehlschwalbe, Mönchsgrasmücke, Milan, Mauersegler

Rotkehlchen, Rabe, Rauchschwalbe, Rotschwanz

Specht, Saatkrähe, Schwanzmeise, Singdrossel, Sperber, Star

Taube, Tannenhäher, Trauerschnäpper

Wachtel, Wasseramsel, Wendehals, Wiedehopf, Waldohreule

Uhu, Uferschwalbe

Zaunkönig, Zilpzalp

Arbeitsblatt:
Vögel erkennen

Das wird trainiert:	*Konzentration, Wissen*
Das wird benötigt:	*Kopien des Arbeitsblatts, ein Stift für jeden Teilnehmer*
Das ist vorzubereiten:	*Arbeitsblatt in ausreichender Anzahl kopieren*

So geht's:

Die Übungsleitung verteilt die Arbeitsblätter und die Stifte und bittet die Teilnehmer, die Aufgabe zu lösen. Die Lösungen werden anschließend gemeinsam besprochen.

In Gruppen mit ungeübten Teilnehmern wird gemeinsam in der Gruppe besprochen, um welche Vögel es sich handeln könnte. Die Teilnehmenden können die Lösungen aufschreiben, wenn sie möchten.

Lösungen von oben nach unten:

Specht, Spatz, Rotkehlchen, Bachstelze, Elster, Amsel

Kopiervorlage

Wie heißt der Vogel? – Schreiben Sie den Namen in das freie Kästchen.

Rückwärts buchstabieren

Das wird trainiert: **Konzentration, Wissen**

So geht's:

Die Übungsleitung nennt jedem Teilnehmer reihum eines der folgenden Wörter. Der Teilnehmer versucht, das Wort rückwärts zu buchstabieren.

In Gruppen mit weniger geübten Teilnehmern können die Wörter vorwärts buchstabiert werden.

1. Star
2. Spatz
3. Eisvogel
4. Drossel
5. Eichelhäher
6. Taube
7. Elster
8. Sperber
9. Dohle
10. Bergfink

Bewegung:

„Klatschen bis zum Ende“ – ein Bewegungslied

Das wird trainiert:	*Bewegung, Konzentration*
Das wird benötigt:	*evtl. Liedblätter*
Das ist vorzubereiten:	*evtl. Liedblätter kopieren*

So geht's:

Mit der Melodie des Liedes „Vogelhochzeit“ wird das folgende Lied gesungen. Zu jeder Strophe werden die Bewegungen dem Text entsprechend durchgeführt.

In Gruppen mit geübteren Teilnehmern können im Anschluss noch eigene Ideen für weitere Strophen gesammelt und umgesetzt werden.

Kopiervorlage

Klatschen bis zum Ende

Die Finger, die Finger,
sie schnipsen, diese Dinger.
Fiderallala, fiderallala, fiderallalalala.

Die Arme, die Arme,
die schwingen wie 'ne Fahne.
Fiderallala, fiderallala, fiderallalalala.

Die Füße, die Füße,
die stampfen liebe Grüße.
Fiderallala, fiderallala, fiderallalalala.

Die Beine, die Beine,
die heb'n sich nicht alleine.
Fiderallala, fiderallala, fiderallalalala.

Die Hände, die Hände,
die klatschen bis zum Ende.
Fiderallala, fiderallala, fiderallalalala.

Arbeitsblatt:

Außenseiter finden

Das wird trainiert:	**Konzentration, Wissen**
Das wird benötigt:	**Kopien des Arbeitsblattes, ein Stift für jeden Teilnehmer**
Das ist vorzubereiten:	**Arbeitsblatt in ausreichender Anzahl kopieren**

So geht's:

Die Übungsleitung verteilt die Arbeitsblätter und bittet die Teilnehmer, die Aufgabe zu lösen und das Bild, das aus der Reihe tanzt, zu markieren. Die Lösungen werden anschließend besprochen.

In Gruppen mit ungeübten Teilnehmern wird die Lösung gemeinsam in der Gruppe gesucht. Die Übungsleitung kann zusätzlich Fragen stellen, die den Teilnehmern das Herausfinden der Lösung erleichtern.

Beispiele für Fragen:

1: Was ist in den Nestern?

2: Welche Farbe haben die Vogelhäuschen?

3: Welches Geschlecht haben die Vogelscheuchen?

Lösungsvorschläge: (andere Lösungen sind möglich)

1: Nur in einem Nest leben Küken.

2: Es gibt nur ein angemaltes Vogelhäuschen.

3: Nur eine Vogelscheuche ist eine Frau.

Kopiervorlage

Welches Bild passt nicht in die Reihe?

Durcheinandergeraten:

Die Geschichte vom hässlichen Entlein

Das wird trainiert:	Urteilen, Wissen, Konzentration
Das wird benötigt:	Kopien der Textkarten
Das ist vorzubereiten:	Die Textkarten kopieren und ausschneiden, für den mehrfachen Gebrauch evtl. laminieren.

So geht's:

Die Textkarten mischen und offen auf dem Tisch verteilen. Die Teilnehmer versuchen, die Geschichte vom hässlichen Entlein in die richtige Reihenfolge zu bringen.

Kopiervorlage

Eine Entenmutter brütet 7 Eier aus,
ein Ei ist größer als die anderen Eier.

Aus 6 Eiern schlüpfen kleine Entenküken.

Aus dem letzten Ei schlüpft ein großes,
hässliches Küken.

Die Entenmutter bringt die Küken zum Wasser.

Die Entenmutter ist beruhigt, dass die Küken
alle schwimmen können.

Das große Küken wird von den anderen Enten
und Hühnern verspottet.

Das große Küken läuft weg und verbringt einen
traurigen Sommer, Herbst und Winter.

Im Frühling wird das hässliche Küken zu einem
wunderschönen Schwan.

Geschichte:

Der Vogel und die Hoffnung

Das wird trainiert: **Entspannung**

So geht's:

Die Übungsleitung liest die Geschichte langsam vor.

Der Vogel und die Hoffnung

Es war so ein langer Winter! – Der kleine Vogel versteckte sich unter einem Busch. Wie karg war das Futter, das er in diesem Winter finden konnte. Wie dunkel waren die Tage. Wie hart war die Zeit für einen kleinen Vogel wie ihn.

Der kleine Vogel war traurig. Sein Herz fühlte sich ganz schwer an. „Ich wünschte mir, dass es immer Frühling wäre!“, sagte der kleine Vogel zu seinem Freund, dem Zaunkönig.

Der Zaunkönig lachte. „Was ist denn so schön am Frühling?“, fragte der Zaunkönig.

Der kleine Vogel schaute den Zaunkönig erstaunt an. „Ja, lieber Zaunkönig, weißt du das denn nicht? Im Frühling wird endlich wieder alles grün. Die Bäume fangen wieder an zu blühen, die Blumen sprießen wieder aus der Erde, die Sonne bekommt wieder Kraft, die anderen Vögel kommen wieder aus dem Süden angeflogen. Im Frühling, da ist die Luft wieder erfüllt von dem Gesang der großen und kleinen Vögel, da hüpft das Herz, und die zauberhaftesten Melodien erklingen wieder aus unseren Schnäbeln.“

„Siebenmal *wieder*!“, antwortete der Zaunkönig.

„Wie, siebenmal wieder?“, fragte der kleine Vogel verdutzt.

„Als du mir erzählt hast, was so schön ist am Frühling, da hast du ganze siebenmal das Wort *wieder* benutzt. Das ist kein Zufall. Ohne das *Wieder* funktioniert der Frühling nicht. Wenn die Bäume im Winter nicht kahl werden, die Böden nicht karg und der Wald nicht still wird, dann kann das Leben sich im Frühling auch nicht auf so wundervolle Weise seinen Weg suchen. Ohne Herbst und Winter gibt es auch keinen Frühling.“

„Keinen Frühling?“, fragte der kleine Vogel erschrocken. „Das wäre ja schlimm! Dann ist es wohl wichtig, dass es den Winter gibt? Daran habe ich nicht gedacht!“

Langsam wurde das kleine Vogelherz ein bisschen leichter. Der kleine Vogel war immer noch traurig über den langen Winter. Doch ein neues Gefühl gesellte sich zu der Traurigkeit. Es war die Hoffnung. Und die Hoffnung sollte Recht behalten, denn wenige Tage nach seinem Gespräch mit dem Zaunkönig entdeckte der Vogel die ersten sprießenden Knospen.

Gemeinsam singen:
„Vogelhochzeit“

Das wird trainiert:	*musikalisches Gedächtnis, Entspannung, Wissen*
Das wird benötigt:	*auf Wunsch Liedzettel*
Das ist vorzubereiten:	*ggf. Liedtext in ausreichender Anzahl kopieren*

So geht's:

Singen Sie gemeinsam das Lied „Die Vogelhochzeit“.

Kopiervorlage

Die Vogelhochzeit

Ein Vogel wollte Hochzeit
machen in dem grünen
Walde.

(Refrain:) Fidiralala,
fidiralala, fidiralalalala!

Die Drossel war der
Bräutigam, die Amsel
war die Braute.

Der Sperber, der Sperber,
der war der Hochzeits-
werber.

Die Lerche, die Lerche,
die führt die Braut zur
Kerche.

Der Auerhahn, der Auer-
hahn, der war der Küster
und Kaplan.

Die Meise, die Meise, die
sang das Kyrieleise.

Die Gänse und die Anten,
das warn die Musikan-
ten.

Das Finkelein, das Finke-
lein, das führt das Paar
ins Kämmerlein.

Der Uhuhu, der Uhuhu,
der macht die Fensterlä-
den zu.

Der Hahn, der krähet:
„Gute Nacht!“ Dann wird
die Kammer zugemacht.

Nun ist die Vogelhochzeit
aus, und alle ziehn ver-
gnügt nach Haus.

Sammlung:

Wörter mit Herz

Das wird trainiert: *Assoziieren, Worte finden, Wissen*

Das wird benötigt: *Flipchart, Tafel oder Zettel; Stift oder Kreide*

So geht's:

Die Übungsleitung sammelt gemeinsam mit den Senioren verschiedene Wörter, die das Wort „Herz“ enthalten. Die Übungsleitung notiert die Wörter auf Flipchart, Tafel oder Zettel.

Lösungsvorschläge:

Herzensangelegenheit, Herzschmerz, herzlich, Herzog, Herzogin, beherzt, herzensgut, Scherz, Herzblut, Herzchen, herzhaft, Herztöne, Salatherz, gutherzig, Erzherzog, Herzblatt, Herzogtum, Barmherzigkeit, Scherzkeks

Arbeitsblatt:
Liebesweisheiten

Das wird trainiert:	**Konzentration, Wissen**
Das wird benötigt:	**Kopien des Arbeitsblatts, ein Stift für jeden Teilnehmer**
Das ist vorzubereiten:	**Arbeitsblatt in ausreichender Anzahl kopieren**

So geht's:

Die Übungsleitung verteilt die Arbeitsblätter und die Stifte und bittet die Teilnehmer, die Aufgabe zu lösen. Die Lösungen werden anschließend gemeinsam besprochen.

In Gruppen mit ungeübten Teilnehmern werden die Lösungen gemeinsam in der Gruppe gesucht.

Lösungen von oben nach unten:

Liebe macht blind.

Gleich und gleich gesellt sich gern.

Was sich liebt, das neckt sich.

Von Luft und Liebe leben.

Gegensätze ziehen sich an.

Liebe geht durch den Magen.

Kopiervorlage

Ordnen Sie jede Redewendung mit einer Linie dem passenden Bild zu.

	Was sich liebt, das neckt sich.
	Von Luft und Liebe leben.
	Liebe macht blind.
	Liebe geht durch den Magen.
	Gleich und gleich gesellt sich gern.
	Gegensätze ziehen sich an.

Stichworträtsel:

Berühmte Paare

Das wird trainiert: assoziieren, Worte finden, Wissen

So geht's:

Bei dieser Übung müssen die Teilnehmer versuchen, zu den vorgegebenen Stichwörtern ein passendes berühmtes Paar zu finden. Die Übungsleitung liest die Stichwörter vor, und die Teilnehmer nennen ein Paar dazu.

Gott, Rippe, Paradies, Verführung →
Adam und Eva

Märchen, angeln, Butt, Wünsche →
Der Fischer und seine Frau

Rom, Ägypten, mächtig, Affäre →
Cäsar und Kleopatra

Hufe, reiten, zählen, Nazareth →
Maria und Josef

Hängematte, Comic, verlobt, Entenhausen →
Donald und Daisy Duck

Österreich, Kaiser, Elisabeth, Romy →
Sissi und Franz Josef

Weltliteratur, Tragödie, Familien, Shakespeare →
Romeo und Julia

Alm, Großvater, Ziegen, Kinder →
Heidi und Peter

Amerika, Morde, Weltwirtschaftskrise, Verbrecherduo →
Bonnie und Clyde

Plastik, Puppen, Idealmaße, Matell →
Barbie und Ken

Bewegung:

Bewegtes Buchstabieren

Das wird trainiert: *Bewegung, Konzentration*
Das wird benötigt: *evtl. Flip-Chart, Zettel oder Tafel*

So geht's:

Die Gruppe beschließt gemeinsam eine Bewegung für jeden Buchstaben des Wortes „Hochzeit“.

Beispiele:

H – mit beiden Fingern schnipsen
O – in die Hände klatschen
C – mit dem rechten Fuß stampfen
H – mit beiden Fingern schnipsen
Z – mit dem linken Fuß stampfen
E – auf die Oberschenkel patschen
I – über Kreuz auf die Oberschenkel patschen
T – seitlich an die Oberschenkel patschen

Im Anschluss buchstabiert die Gruppe das Wort mehrfach langsam im Chor und führt dazu die passenden Bewegungen durch.

Arbeitsblatt:

Buchstabensalat

Das wird trainiert:	**Konzentration, Wissen**
Das wird benötigt:	**Kopien von Arbeitsblatt A oder B, ein Stift für jeden Teilnehmer**
Das ist vorzubereiten:	**Arbeitsblatt A oder B in ausreichender Anzahl kopieren**

So geht's:

Für geübtere Teilnehmer eignet sich Arbeitsblatt A. Die Übungsleitung verteilt die Kopien der Arbeitsblätter und die Stifte und bittet die Teilnehmer, die Aufgabe zu lösen. Die Lösungen werden anschließend vorgelesen und gemeinsam besprochen.

Für Gruppen mit ungeübten Teilnehmern nutzen Sie Version B des Arbeitsblatts (siehe Seite ##). Die Lösungen werden gemeinsam in der Gruppe besprochen. Wer möchte, schreibt die Lösungen auf.

Lösungen A:

Rose
schmusen
Liebe
Gefühle
Ehe
Kuss

Lösungen B:

Ehe
Liebe
Kuss

Kopiervorlage

A. Auf diesem Arbeitsblatt wurden die Buchstaben durcheinandergewürfelt. Wie heißen die Wörter richtig?

Bringen Sie die Buchstaben in eine sinnvolle Reihenfolge!

SROE - ______________________

NSEHMCUS - ______________________

BLEIE - ______________________

LEGFHÜE - ______________________

HEE - ______________________

USKS - ______________________

Kopiervorlage

B. Auf diesem Arbeitsblatt wurden die Buchstaben durcheinandergewürfelt. Wie heißen die Wörter richtig?

Bringen Sie die Buchstaben in eine sinnvolle Reihenfolge!

HEE - ______________________

BLEIE - ______________________

USKS - ______________________

Notizen

Informationen merken:
Silberhochzeit

Das wird trainiert:	**Merken, Konzentration**
Das wird benötigt:	**für ungeübte Teilnehmer Kopien des Infotextes**
Das ist vorzubereiten:	**ggf. Infotext in ausreichender Anzahl kopieren**

So geht's:

Die Übungsleitung liest den Teilnehmenden den Informationstext vor und stellt im Anschluss die untenstehenden Fragen.

Für Gruppen mit ungeübten Teilnehmern verteilt die Übungsleitung die Kopien des Informationstextes und liest diesen laut vor. Anschließend stellt die Übungsleitung die unten aufgeführten Fragen. Die Teilnehmenden können die Antworten aus dem Text heraussuchen.

Kopiervorlage

Informationstext

Luise stammt aus dem Dorf Löning in Bayern.

Ferdinand wurde in Ulm geboren. Luise und Ferdinand lernten sich mit 18 bei einem Skiurlaub in Südtirol kennen und lieben. Zwei Jahre später heirateten die beiden und zogen gemeinsam nach Würzburg.

In Würzburg bekamen sie drei Kinder. Sie führen dort bis heute ein beschauliches Leben. Heute feiern Luise und Ferdinand ihre silberne Hochzeit.

Fragen

Aus welchem Dorf stammt Luise?

Wo wurde Ferdinand geboren?

Wie alt waren Luise und Ferdinand, als sie sich kennen lernten?

Nach wie vielen Jahren heirateten die beiden?

Wo zog das Paar hin?

Wie viele Kinder haben die zwei?

Welches Fest feiern die beiden heute?

Geschichte:

Allein zwischen turtelnden Tauben

Das wird trainiert: **Entspannung**

So geht's:

Die Übungsleitung liest die Geschichte langsam vor.

Allein zwischen turtelnden Tauben

Karla war betrübt. Es war Frühling. Überall um sie herum turtelten die Tiere. Die Kaninchen sprangen über die Felder. Die Eichhörnchen jagten einander den Baum hinauf. Alle hatten einen Partner, an dem sie sich erfreuen konnten. Alle bis auf Karla. Karla hatte keinen.

Es soll ja Menschen geben, die Freude im Herz spüren, wenn sie die Tauben turteln sehen. Karla betrachtete die turtelnden Tauben, und ihr fuhr ein schmerzhafter Stich durch das Herz. Sie fühlte sich mutterseelenallein auf der Welt. Ihren Frühlingsspaziergang beendete sie daher auch sehr schnell. Sollten die anderen sich doch an dem Frühlingsgebaren freuen. Sie verkroch sich lieber in ihrem Wohnzimmer. Sie versuchte zu lesen, aber sie konnte sich nicht konzentrieren. Sie versuchte fernzusehen, aber es kam nur Mist. Sie war einfach nur deprimiert. Also saß sie auf dem Sofa und schaute ins Leere.

Als das Telefon klingelte, wollte sie es erst klingeln lassen. Dann ging sie doch dran. Ihre Freundin Gisela war am anderen Ende. Schön, dass es Gisela war. Es tat gut, die Stimme der Freundin zu hören. „Hallo, hast du Lust, mit ins Eiscafé zu kommen? Im Moment laufen draußen nur Pärchen herum, aber ich würde auch gerne die ersten Sonnenstrahlen genießen." Karla fiel ein, dass Gisela auch keinen Partner hat. Sie war also doch nicht die Einzige auf der ganzen Welt, die allein war.

„Das mit den Pärchen ist mir auch schon aufgefallen. Fürchterlich, dieses Frühlingsgeturtel. Ja, ich komme gerne mit!", antwortete Karla. Sie legte auf und zog sich schnell Schuhe und Jacke an.

Im Eiscafé schwatzten und lachten die beiden Freundinnen ausgelassen. Außer ihnen saßen an den kleinen Tischen ein Pärchen, zwei Jungs, zwei Herren gehobenen Alters, vier jugendliche Mädchen und zwei weitere Frauen. Es waren wohl auch zu dieser Zeit nicht nur Pärchen unterwegs ...

Auf dem Heimweg konnte Karla die turtelnden Tauben wieder wohlwollend betrachten.